EL SECRETO DEL BONSAI

POR

RAÚL VEGA MEJÍA

En la oficina de mi empresa, tengo un precioso bonsái que me gusta mirar.

Al verlo se me ocurren tantas cosas y reflexiono en otras tantas. Es increíble el efecto que produce en mí, ese hermoso árbol de cerezos en miniatura.

Lo tengo en mi escritorio, cerca del gran ventanal, donde los rayos del sol lo atraviesan, dando la ilusión de un cambio de escala, y ya no es un árbol en miniatura. Ese pequeño bonsái, se convierte en un árbol colosal.

Ese hermoso bonsái encierra una enseñanza que me fue brindada por aquel anciano que conocí hace tanto tiempo.

El conocer esa enseñanza me ha librado muchas veces de cometer errores y me ha librado también de fincar mi vida en falsedades.

Puedo decir que moldeo mi conducta para alcanzar la felicidad.

Una felicidad que está más allá de tener dinero o una empresa con éxito.

En un mundo desesperado por ganar dinero, y gozar de lujos. Un mundo donde se demuestra lo que se vale por lo que se tiene y donde es fácil confundirse y perder el rumbo.

Hace unos días, vi a un hombre mayor de 70 años llenar una solicitud de trabajo en una tienda de conveniencia.

El hombre, se veía atribulado, llenando a mano un currículo de entre varios, que amontonados apilaba en la mesita de la tienda.

El hombre escribía con impaciencia, parecía se le había hecho tarde para alguna de sus citas para dejar solicitudes de empleo.

El hombre mayor, sintió mi mirada, levantó la cabeza y me miro.

Su mirada era triste y angustiada, parecía pedir ayuda, pero sin saber cómo hacerlo.

No pude evitar pensar ¿Qué habrá pasado en la vida de este hombre para que esté pidiendo trabajo a su edad? Compitiendo contra jóvenes dispuestos a cobrar lo que sea con tal de trabajar.

¿Quién lo contrataría?

No pude evitar sentirme triste por él, pues su situación me resultó familiar. Fue la misma que mi padre sufrió, cuando lo perdió todo.

Y eso me lleva a contar esta historia:

Capítulo 1. Viviendo una crisis.

En el año de 1995, en México se vivió una catástrofe financiera como pocas y eso que los mexicanos sabemos de crisis.

Mi padre había trabajado muy duro para pasar tranquilo su vejez. Pero a las tasas de interés eso les importó muy poco. Se incrementaron las mensualidades y los créditos resultaron impagables.

De pronto nuestra vida, como la de muchos mexicanos, dio un vuelco. Mi familia tuvo que mudarse a la casa pequeña de los abuelos.

Dormiríamos todos juntos en una habitación. Cuando antes teníamos una hermosa residencia en el Pedregal.

Mi madre contaba monedas y centavos para comprar un kilo de frijoles, después de haber perdido bodegas que valían millones.

Pero esto no se trata de dramatismo, sino de realidades. Yo tenía 16 años apenas y no sabía nada de tasas de interés fijas o variables y cual le hubiera convenido más a mi padre para que no se lo comieran los intereses. Yo solo sabía que el culpable de todo era el banco y lo odiaba con toda mi alma.

En ese entonces brotó en mí, el fervor comunista y me volví enemigo acérrimo del capital diabólico que todo lo corrompe y arruina.

Capítulo 2. El banco.

Mi única experiencia como inversionista, hasta ese día, fue iniciada cuando yo nací. Mis padres buscaron al conocido más pudiente que encontraron, para que fuera mi padrino de bautizo.

La verdad, a mi padrino jamás lo conocí. Pero él tuvo el gesto de abrir una cuenta bancaria a mi nombre.

La cuenta se abrió con una onza de oro de 1979, que en ese entonces era una cantidad nada despreciable.

La boleta bancaria quedó en el olvido con la pequeña fortuna y mi madre se acordó de ella solo cuando buscábamos entre nuestras pocas pertenencias todo lo que se pudiera vender, para poder comer.

Mi madre y yo acudimos al banco con la felicidad de llevarnos ese dinero que tanta falta nos hacía.

Debería ser suficiente dinero para vivir por un tiempo, por lo menos hasta que mi padre y/o mis tres hermanos mayores encontraran trabajo.

Nuestras cuentas alegres murieron, cuando la cajera del banco nos mostró nuestra realidad, con un estado de cuenta, que nos hizo sentir robados.

Mi madre quería llorar:

> - ¡Pero eso no es posible señorita!¡Era una onza de oro, invertida durante 16 años, tan solo de intereses debería ser el triple de la inversión inicial!

La cajera mascaba su chicle, indiferente a sus malas noticias:

> -Hay señora, usted nunca hizo movimientos en su cuenta, eso lo penaliza el banco.

Además, su dinero no estaba en oro, fue depositado en efectivo y con la inflación, se depreció el capital. Además, se le estuvo cobrando el manejo de cuenta, etc.

Al salir del banco, estábamos desalentados. Ese dinero nos habría ayudado mucho.

Para que se nos pasara el trago amargo, mi madre y yo entramos a la nevería y con el dinero recibido, le invité a mi madre un helado de chocolate, que compartimos, y ahí se acabó la gran inversión que inicié al nacer.

En ese entonces, no sabía que el banco no era el enemigo, mi enemigo era mi ignorancia.

El banco, tan solo era el negocio de otra persona, que cumplió las condiciones de un contrato que nadie se preocupó en leer.

Capítulo 3. La importancia del dinero.

Te quisiera contar que el dinero nunca importó realmente en casa, pero te mentiría.

Los gastos no paraban, y los pleitos entre mis padres eran cada vez más fuertes y cada vez más agrios.

Hasta que nos vimos mi padre y yo en aquella tienda de conveniencia.

Mi padre llenaba sus currículos y yo miraba con codicia los pastelillos en venta, pues esa mañana no había desayunado.

Bueno, ni yo ni nadie, no quedaba nada de comer y mi abuelo ya se había desatendido de la situación inventándose un viaje a su tierra natal; al que se llevó a mi abuela. Ambos abuelos, huían de su casa que se había convertido en un barco que había naufragado en alta mar, lleno de marineros hambrientos.

Me constaba que mi padre se había dejado el alma buscando trabajo. Incluso lo vi rogar por trabajos miserables, pero es que no había nada. Las filas de desempleados eran enormes y mi padre siempre perdía contra la juventud. No importaba que mi padre ofreciera trabajar por poco y más horas, siempre había alguien más joven que estaba dispuesto a ofrecerse más barato.

Yo lo acompañaba, cuando podía. Aunque debo reconocer que cada vez me deprimía más verlo desempleado y perder el buen ánimo que antes tenía. Ahora mi padre era huraño y taciturno y yo ya no quería acompañarlo.

Yo también tenía mis problemas, y para mi eran los más importantes. El cambio de colegio me tenía afectado. ¿Por qué voy a negarlo? Yo también me había acostumbrado a la buena vida, y la escuela oficial no me tenía muy contento, de hecho, sufría. Me escondía de mis amigos ricos y me aterraba que se enteraran en el colegio, que estaba en una escuela pública. Me devanaba los sesos buscando algo bueno que inventar por si me los encontraba.

Mi papa acabó de llenar sus solicitudes y nos dispusimos a entregarlas. Recorrimos muchos negocios. De todos esos trabajos, mi padre fue rechazado.

Yo le preguntaba a mi padre preguntas que él no sabía responder.

-Oye papa si no hay dinero para pagar a la gente que busca trabajo ¿A dónde se fue el dinero? No pudo haber desaparecido ¿Quién lo tiene? ¿En dónde está?¿Dónde está el dinero?

El solo se encogía de hombros y seguía caminando.

Yo estaba muerto de sed y de hambre. Imagino que mi padre también. Para empeorar las cosas hacía un calor del demonio.

Mis pies pedían reposo y estaban tan calientes que me ardían. Pero lo que más me atosigaba era el hambre.

Entonces encontramos aquel restaurante japonés, llamado **"Sakura**

no ki" que significa "Los cerezos"; donde encontraría a la persona que cambiaría mi vida.

Capítulo 4. De cliente, a empleado.

Era un restaurante al que ya habíamos ido a comer en varias ocasiones. Pero ahora, que entraba en él ya no como cliente, sino para pedir trabajo, me parecía el más hermoso del mundo. Cuantas veces pasé sin ver con atención su jardín decorado con cerezos en flor.

Mi padre y yo cruzamos el puente de madera sobre el estanque con enormes peces de colores; rojo, bermellón y naranja, que nadaban entre los lirios. Pero ¿Cómo nunca me di cuenta de tanta belleza? ¿En qué pensaba?

Altos ventanales iluminaban un amplio recinto con duela de madera de encino, articulado en el centro por un hermoso jardín con una cascada y un molino de agua con bambúes que hacían sonidos musicales, tenues, misteriosos. Pero ¿porque nunca lo aprecie? ¿En qué diablos pensaba cuando estaba aquí?

Ah, ya me acordé, me preocupaba ganar la silla desde la cual, se ve la gran pantalla de televisión para ver algún partido de futbol de las mejores ligas europeas.

Una hermosa muchacha ataviada con un vestido con motivos orientales nos saluda muy sonriente.

-Buenas tardes

-Buenas tardes

- ¿Mesa para cuantos? - Pregunta sin que la sonrisa mengue ni un poco.

-No venimos a comer, estoy buscando trabajo- dice mi padre- y extiende su solicitud de trabajo.

-Ahhh- contesta la muchacha sin la sonrisa- Déjeme ver- agrega y toma la solicitud.

La muchacha camina hacia la caja y pregunta a un tipo mal encarado, que niega con la cabeza, sin ver siquiera la solicitud de mi padre. La muchacha vuelve y con tono de fastidio le entrega la solicitud y le dice a mi padre:

-No hay vacantes.

-Pero, yo puedo hacer lo que sea, puedo llevar la contabilidad o ser cajero. Soy contador público titulado, tengo maestría.

-No hay vacantes.

-Mire señorita, estoy desesperado, puedo ser mesero, lavaplatos, fregar pisos, limpiar excusados, lo que sea, por favor solo pido una oportunidad- dice mi padre quebrándose su voz.

La muchacha se cruza de brazos, voltea a ver al tipo de la caja, echa la cabeza para atrás, suelta un gran suspiro y luego dice:

-Que no hay vacantes, señor, por favor no insista.

El tipo mal encarado de la caja se acerca:

- ¿Algún problema?

La muchacha lo toma del brazo para calmarlo:

-Ninguno Ramón. Ya se van.

-Sí, ya nos vamos, gracias de todos modos- dice mi padre y da la media vuelta y yo con él.

Un mesero anciano que barría el piso, deja la escoba recargada en la pared y nos alcanza:

-Momento.

Nos detenemos.

Es un anciano japonés, de apariencia fuerte. Me hace pensar en un samurái o un maestro de karate que vi en alguna película. El anciano, nos mira durante lo que me parece mucho tiempo. Entonces me pregunta a mí:

- ¿Te interesa un trabajo?

Yo contesto, como por reflejo, la respuesta egoísta que se espera de un adolecente que lo ha tenido todo:

-Yo no puedo, estoy estudiando.

-Seguirías estudiando, solo te necesitaríamos unas horas.

Yo volteo a ver a mi padre y su mirada me responde que necesitamos el dinero, Pero ¿Por qué tengo que trabajar yo?

- ¿Y él?-pregunto con la esperanza de que el anciano recapacite.

-No.

-Pero ¿Qué tiene de malo él? Y ¿Si nos contratan a los dos?

-Tú no pones las condiciones. Váyanse- dice el anciano y se da la media vuelta rumbo a su escoba.

-Espere señor- dice mi padre- Por favor necesitamos el dinero, mi hijo acepta.

El anciano se vuelve.

-Yo no lo escuché.

-Acepto-digo, sintiendo un gran vacío dentro de mi "¡Yo trabajando, que horror, y aquí les gusta venir a mis amigos, me esconderé en la cocina!" ¡Maldita suerte! ¡Es lo que me saco por andar acompañando a mi padre! Debí dejarlo solo".

Yo no tenía modo de saber que el encontrarme con ese anciano, era precisamente lo mejor que me pudo haber pasado en esa etapa de mi vida.

Capítulo 5. "Sensei".

(El maestro aparece, cuando el alumno está listo).

Para contar la historia que narra la metamorfosis de aquel adolecente con hambre tanto física como mental, hasta convertirse en empresario, es necesario conocer una anécdota que me sucedió hace unos días.

Una tarde, un rico entro a mi oficina, o más bien dicho se trataba de un rico venido a menos, muy, pero, muy a menos. Aunque cuando lo recibí, yo no lo sabía.

Mi secretaría lo anuncio antes de que él entrara:

-Don Luis Zubizarreta Solórzano y Alcántara

Y él agrego:

- Y Mendieta.

Y ella agrego:

- Y Mendieta.

Un hombre maduro de traje fino e impecable, me tendió la mano, una delicada fragancia lo acompañaba, con el rastro inconfundible de los perfumes caros.

Lo invite a sentarse y mientras lo miraba tomarse el café expreso que mi secretaria le trajo, pensamientos rondaban mi mente ¿Cuál será la razón de su visita? ¿Un negocio? ¿Una sociedad? O ¿Un reclamo?

Pero Don Luis, empezó a hablarme de cosas insignificantes para mí, pero que para él son de capital importancia, como preguntarme por mis clientes más adinerados, a los que él conocía desde niños.

Don Luis hablaba con la entonación de la gente adinerada, pero no de los nuevos ricos, sino de la gente que la riqueza les viene de abolengo. Ese modo de hablar, es a veces un poco difícil de entender. Pero ¿que se le va hacer? Así hablan muchos de ellos.

Me daba la impresión que Don Luis había venido a mi oficina tan solo a quitarme el tiempo por cuestiones sociales.

Así que lo interrumpí cuando me narraba el último zafarí en África. Al que Don Luis se llevó a todos sus amigos con todo y familias y que, por supuesto, Don Luis había pagado todos los gastos.

Para no perder más el tiempo le interrumpí:

> -Disculpe Don Luis, pero ¿Qué lo trajo por aquí?

Don Luis se calló ofendido, pero luego sonrió, con una sonrisa forzada para matizar mi descortesía.

Yo me apresuré a matizar las cosas, ese hombre había hecho una cita conmigo y sin duda tendría un asunto que tratar, quizás fuera una buena oportunidad de negocios, es solo que no me gusta perder el tiempo."**El tiempo es el recurso más valioso y no es renovable**".

-Don Luis, dígame ¿Qué puedo hacer por usted?

-Dime Luis

-Ok Luis, ¿Qué puedo hacer por ti?

-Más bien soy yo el que puede hacer algo por ti y tu negocio.

-Te escucho Luis.

-Yo conozco a la mayoría de tus clientes. Digamos que soy amigo de ellos desde niños, eso me da confianza con ellos ¿no?

-Si Luis así debe ser siendo amigos, hay confianza.

-Te convendría ser mi socio.

-¿En cuál negocio?

-En esta empresa por lo pronto.

-¿Cuál sería tu participación de capital?

-No, yo no pondría capital

-Entonces ¿Qué sería?: ¿terrenos, propiedades, maquinaria, acciones de valores?

-Algo más valioso que eso

-Ah ¿Sí?¿Que sería eso?

-Mis relaciones

-No entiendo, explícate

-Yo garantizaría las buenas relaciones con tus clientes. Teniéndome a tu lado, ellos se enterarían y jamás dejarían de ser tus clientes. Sería tu publirrelacionista.

-Disculpa Luis ya tengo uno.

-¿Cuánto le pagas?

-Soy yo.

-Ah, entiendo.

Don Luis se pone serio y baja la voz cuando me dice:

-Mira Diego, tú y yo no nos conocemos, pero por algún

motivo, confiaré en ti, espero que no divulgues lo que te voy a decir.

Don Luis pasó saliva, le costaba mucho esfuerzo decir, lo que iba a decirme:

-Necesito trabajo. Podría ser el gerente de tu empresa.

-Ese puesto ya está ocupado

-Yo podría suplirlo

-No es tan sencillo, el que tengo trabaja bien y es honesto.

-Yo también soy honesto, a cualquier prueba me remito. ¡Puedes pedir referencias!

Don Luis alzo su mano y negó con la cabeza.

-No, no puedes pedir referencias. A mis amigos les diremos que somos socios.

-Momento Luis hablas como si ya fueras mi gerente, yo no voy a despedir al que tengo. Él tiene más de 9 años conmigo.

-Bueno que él sea mi asistente entonces.

-No necesito eso. Con todo respeto Luis, pero no estoy contratando a nadie.

Don Luis se puso lívido. Suspiró y dijo en modo serio:

-Mira Diego. Esto es muy difícil para mí y agradecería un poco de cooperación de tu parte. Yo fui el presidente del club hípico y campestre. Vamos a hacer algo. Dame un puesto, el que sea, y págame algo decoroso, como lo que cobraba en ese puesto honorífico. Este es solo un bache, yo te lo sabré agradecer cuando vuelva a estar bien. Tengo negocios en puerta. Muchísimo dinero está por llegar. Te lo sabré agradecer.

-¿Hablas de la venta de lasnaves industriales que quedaron de la empresade tu tío?

-Si estoy a punto de venderlas.

-Luis, esas naves te las ganó tu primo en un litigio.

- ¿Cómo te enteraste? Además, yo voy a impugnar.

-Luis discúlpame, de verdad discúlpame. No puedo hacer nada por ti. - dije levantándome de mi asiento y dándole la mano en señal de despedida. Despedida que Don Luis no estaba dispuesto a aceptar.

-Espera- me dijo suplicante, con una mirada que me obligo a sentarme, pues reconocí en ese hombre la misma mirada que tenía mi padre cuando pidió trabajo en aquel restaurante japonés.

-Te escucho- dije volviéndome a sentar, me estaba conmoviendo.

-Estoy desesperado Diego, a ti te lo puedo decir por qué sé que no divulgaras esto, a mi esposa le destrozaría, enterarse por sus amistades que estuve aquí pidiendo trabajo y todavía más humillante para ella sería enterarse que no me lo diste.

Yo lo miro a los ojos.

-No te preocupes no le diré a tus amistades.

-Eso no es suficiente, necesito dinero, estoy dispuesto a cobrar lo mismo que tu gerente. En el club hípico, cobraba como presidente $60, 000al mes, pero renuncié, porque me quitaba tiempo y lo que me pagaban para mí era algo casi simbólico, pues mis ingresos estaban en mi participación de la empresa de mi tío. Ahí yo ganaba un millón mensual.

Yo pensaba: "¡Un millón mensual, durante 20 años que tu tío te los dio, son 240 millones!". Pero ¿Qué diablos le hiciste a todo ese dinero? Y ahora quieres que te dé un sueldo, pero ¡Eso sería como alimentar a una ballena con una sardina!

¡Con razón quebró su tío! Y ¡Tuvo que liquidar la empresa!

Traté de fijar mi postura, ponerlo en realidad, para que él se fuera de mi oficina y me dejara de quitar el tiempo y le dije:

> -Mi gerente gana $20,000y no pienso despedirlo.

> -Diego, para empezar. Puedo ganar $40,000al mes.

> -Luis yo no pago esos sueldos.

> -Diego no entiendes, estoy en un grave problema. Debo más de 19 millones a varios acreedores.

> Pero lo que no me deja dormir por las noches, es la desgracia de perder mi residencia en el campestre country club. La tengo hipotecada con el banco. Solo me atrasé 6 meses y ya me cobran un millón entre pagos vencidos, intereses

moratorios y gastos de cobranza ¡Malditos ladrones! El banco amenaza con el embargo ¡Me la van a quitar! ¡La casa que me dejaron mis padres! ¡Me la van a quitar! ¡Dios mío!

Me urge medio millón por lo menos, para salir del hoyo. Podrían ser a cuenta de sueldo y te los pago en mensualidades.

"¡Quiere que le de medio millón! Pero ¿Qué le pasa a este hombre que no escucha?"

Tal vez lo mismo que a mi padre. Cuando la desesperación supera el entendimiento y lo único que importa es solucionar el problema del dinero. Es un problema capital. Alrededor del cual gira todo: Familia, pareja, salud. El bienestar, se pierde cuando se pierde la estabilidad financiera.

De inmediato fui solidario con este hombre y lo quise ayudar. No como él quería que yo lo ayudara, sino como yo hubiera actuado para salir del problema. En mi mente me convertí en él y apliqué el plan de emergencia que yo hubiera usado.

-Luis llegaste en una camioneta de lujo nueva, que ronda el medio millón. El reloj que llevas vale al menos $100,000. Eso, es lo que yo veo, si vendieras algo de lo que tienes, ahora que todavía estás a tiempo. Puedes negociar tu deuda con el banco con una parte de ese capital. Y el resto, utilizarlo para recapitalizarte. Hay estrategias que puedes usar yo…

- ¡Momento Diego, no vine aquí a que te pusieras a vender mis cosas! ¡Que imprudencia! ¡A quien se le ocurre! ¡Vender la camioneta! ¡Qué estupidez! ¡Mi esposa me mataría si hiciera semejante tontería! ¡Además, todavía la debo! ¡Vender el reloj que me regaló mi primo Richie Núñez! ¡De los Núñez Rivaremelo! ¡Por tu cara veo que ni los conoces! ¡¿A quién vas a conocer tú?!

-No los conozco ¿Por qué no vas con esa gente a pedir trabajo?

A Don Luis le cambió el talante:

-Disculpa, no sé qué me pasó, perdí los estribos, disculpa. Estoy bajo mucha presión ¡Yo ya no sé qué voy a hacer!

Mira, no puedo ir con mis conocidos, por la sencilla razón de que no quiero rebajarme ante ellos. Tú no le das la debida importancia a eso. No te he visto en las reuniones sociales, y casi no apareces en ningún evento, al parecer no te importa eso, pero a mi familia sí.

No necesito consejos financieros, lo que me urge es dinero. Así que te agradecería que ahora mismo me dijeras, si me vas a dar el préstamo que te pido o no.

Me levanté de mi sillón y le dije:

-Siento no poder ayudarte como tú quieres Luis-y extendí mi mano en un saludo que pretendía mostrar mi sentir más que ser un gesto de despedida. Pero igualmente, mi mano no fue estrechada por Don Luis.

Don Luis se levantó, dio la media vuelta, salió de mi oficina sin despedirse ni cerrar la puerta. Mi secretaria y yo lo vimos caminar por el pasillo rumbo a la salida. Caminaba lento, parecía que cargaba el mundo entero.

Mientras miraba a Don Luis alejarse, sufriendo por ver su mundo social resquebrajarse, me acorde que a mí me pasó algo similar cuando yo tenía 16 años. Cuando deje de ser un niño rico para convertirme en un empleado de cocina, en aquel restaurante japonés.

Capítulo 6. "Watashi wa"

La necesidad de aceptación. La fortaleza del "yo" interior.

¿Qué es lo más importante para un adolecente común de 16 años?

"La aceptación social"

Pero no me refiero a la sociedad como tal, ese gran conglomerado de personas adultas que decide quien vale la pena y quién no.

Me refiero a algo más pequeño, pero igual de poderosa en su opinión.

¿A quién no le importa lo que opina de uno, la chica más guapa del colegio?

Y ¿Qué hay de los amigos y de los compañeros de clase?

A pesar de que mis padres me habían sacado del colegio por no poder pagar mis colegiaturas. Yo sentía que les debía algo a mis compañeros. Sentía que tenía una reputación que cuidar, a pesar de que era muy probable que jamás los volviera a ver. No quería que nadie me viera trabajando en el restaurante japonés.

Pero me descubrirían, era solo cuestión de tiempo.

Un domingo en la tarde, faltó un mesero y tuve que abandonar la seguridad de la cocina para tomar su lugar.

Ahora que ha pasado tanto tiempo aun me acuerdo lo que sentí cuando vi en la mesa que me tocaba atender a mis ex compañeros del colegio, entre ellos a la muchacha más guapa de mi clase, junto a su novio y amigos.

Cuando uno de ellos me vio, les dijo a los demás: -

- ¡Miren! ¡Es Diego!

Me saludaron, con un saludo extraño, un tanto frio, un tanto cordial y un tanto forzado. A mí me pareció que me compadecían.

Yo les dejé las cartas del menú, sin ofrecer bebidas ni tomar su orden. Fue todo tan extraño. Ellos me habían mirado fijamente y yo no supe que decir.

Mantuvimos un trato forzado, sin que nadie se atreviera a decir lo que realmente sentía. Pero yo sabía lo que pensaban de mí, o creía saberlo.

Volví a su mesa y disimulé lo mejor que pude, mientras tomé sus pedidos, no tenía otra opción.

No podía cambiar mi mesa con otro mesero. Andábamos escasos de personal, con tantos clientes.

Las sonrisas que se cruzaban entre ellos, me parecían burlonas. El modo en que me miraban lo decía todo: "Diego acabo de mesero, ¿Quién lo diría? ¡Maldita crisis!"

Al final del día, por la noche, mientras recogía la mantelería y los trastes, pensaba en lo injusta que es la vida y como es que unas personas afortunadas tienen lo mejor de este mundo y otras desgraciadas como yo, no tienen nada. Ni siquiera dignidad.

Eran más de las 11 de la noche y el restaurante había cerrado. Sin embargo, en el jardín interior todavía había alguien trabajando. El señor Takeshi. El anciano a quien tomé por mesero el día que mi padre pidió trabajo, metía peces en el estanque.

En realidad, ese anciano era el dueño del restaurante, según me enteré.

"El señor Takeshi, gusta de atender personalmente a los clientes. Se dice, que le encanta el modo de ser de la gente mexicana. Muchos lo toman por mesero sin saber que él es el dueño, pero no le importa"

Me acerqué a él, para agradecerle el trabajo, pues no le había agradecido a pesar de haber cobrado ya por dos semanas.

La paga de esta semana, la llevaba en mi bolsillo y tal vez eso me recordó que tenía pendiente agradecerle.

Pues era el único dinero con que contaba mi familia y aunque no era mucho, era un buen sueldo, y con las propinas recibidas, podíamos comprar la comida que nos hacía falta y hasta el abuelo se animó a regresar a casa, al saber que ya no era solo él, quien tendría que sostener a la familia.

El anciano hablo antes de que yo. Al percibir mi presencia a sus espaldas:

- Al final te quedaste el turno completo. Bien. Diego "Minarai". Fuiste por más. No me equivoque.

-Disculpe. No le había agradecido por el trabajo, Sr. Takeshi. Fue una grosería, estaba distraído por problemas familiares.

- ¿Cómo vas con eso? ¿Familia mejor?

-Si. Familia mejor.

- ¡Bien Diego "Minarai"! ¡La familia es lo más importante! - dijo sonriendo y luego el señor

Takeshi tomo otro pez de la cubeta y con cuidado lo echó al estanque.

El enorme pez rojo nado en las aguas del estanque, entre los demás peces.

Ayer le había preguntado al chef, pues aún no tenía confianza con el señor Takeshi:

- ¿Por qué el Señor Takeshi me dice "Minarai"?

- "Minarai" significa aprendiz, me dijo el chef, y luego agrego- Viniendo del señor Takeshi eso, es una distinción, siéntete afortunado. -

El chef, se llamaba Akemi y era agradable, además de ser la estrella del restaurante y su columna vertebral, pues era un "itamae" y preparaba un sushi tan exquisito, que mi paladar recordaba por días. ¡Qué conveniente hacerse amigo del chef!

Hoy había anochecido, demasiado pronto. El estanque poseía la quietud y el silencio propios de un ambiente místico, que flotaba en el aire del jardín de los cerezos.

Me quedé acompañando al señor Takeshi hasta que cerró el restaurante. Un tanto por compañerismo y otro tanto por conveniencia, pues el Sr Takeshi, me daría un "aventón "en su carro.

- ¿Por qué no contrato a mi padre? - pregunte al Sr. Takeshi sin más, a medio camino de mi casa y cómodamente sentado en el auto del Señor Takeshi.

-Tu padre estaba sobre calificado. Desesperado por dinero, no por aprender. Estoy seguro que pronto encontrara un trabajo en el que sea feliz.

-Pero el trabajo es para ganar dinero no para ser feliz. Con el dinero del trabajo se puede ser feliz. Siempre que sea mucho dinero y se puedan comprar muchas cosas y darse los gustos que a uno se le antojen.

El Sr. Takeshi, rio a carcajadas por un buen rato hasta que me pareció excesivo y ya cuando me estaba molestando, paro de reír y me dijo:

- ¡Has hablado con verdad Diego "Minarai"! Con dinero resuelves muchas cosas y puedes darte tus gustos y a la gente qué más quieres también. Pero ¿Que no sería mejor que amaras el trabajo también? ¡Tus días serían plenos!

En ese momento no entendí lo que me quería decir ¿Amar el trabajo? ¿A caso está loco? Yo deslizaba mi mano por la suave textura de piel que recubría el interior del lujoso auto del señor Takeshi, preguntándome cuántas vidas serían necesarias trabajar para comprarme un carro así, o tal vez debiera resignarme a nunca tener algo así en mi vida.

Al llegar al frente de la casa de interés social de mi abuelo, donde vivíamos más de 12 personas en 60 m2, los vecinos miraron asombrados el lujoso auto del señor Takeshi. Me sentí orgulloso de llegar así a mi casa.

Antes de bajar del auto, el Señor Takeshi dijo:

-Espera Diego "Minarai", veo que sonríes ¿Por qué sonríes?

-No sé, estoy contento, hoy cobré, traigo dinero, se lo daré a mi madre y habrá comida en casa. Ella espera este dinero, le dará gusto. Mañana lunes descanso. Solo iré a la escuela y en la tarde descansaré.

-Muy bien Diego "Minarai", no dejes de estudiar, ese es el camino para combinarlo con los negocios y prosperaras ¡Siéntete orgulloso! ¡Lo más importante es la imagen que tienes de ti mismo! ¡Esa idea lo definirá todo! ¡Lo que opinen los demás es secundario!¡A veces duele, pero lo que digan cambia de dirección como una veleta al viento! ¡Es fácil pasar de la fama a la infamia! Y ¡del éxito al fracaso! Pero el modo en que tú te ves, es crucial **¡Siempre ten una buena opinión de ti mismo!**

Yo salí del auto del Señor Takeshi, sin saber porque me había dicho todo eso, hasta que supuse que él se dio cuenta del encuentro con mis ex compañeros. Y también se enteró de lo dependiente que era a la aprobación de ellos.

Me faltó confianza en mí mismo, me sentí desgraciado por imaginar lo que dirían de mí. Fui débil por depender de lo que otros piensen de mí. Entonces entendí, que "**La imagen que yo tengo de mí, debe depender tan solo de mí y debe ser positiva**". Aunque sea difícil evitar que me importen las opiniones ajenas. Debo de imponerme, pues en eso radica mi bienestar.

Capítulo 6. "Toshi"

Vivir de las inversiones y la importancia del capital a la mano.

-Si no importa lo que opinen los demás. Entonces ¿por qué tiene un auto tan lujoso? - le pregunté al Señor Takeshi cuando volvíal restaurante.

Mientras lo ayudaba a lavar los trastes, el Señor Takeshi, me contesto.

> -Porque me encanta ese carro y porque me lo pagaron mis inversiones. No toque el capital.

> -¡Pero ese carro cuesta una fortuna! ¡Usted debe ganar mucho dinero para comprarse algo así sin gastar de su capital!

> Me encantaría tener ese carro o que mi padre pudiera tener dinero otra vez y pudiera comprarlo. La cara que pondrían todos al ver que ya

salimos del hoyo, que volvimos a tener dinero.

- Diego "Minarai". Entonces comprarían ese auto por las razones equivocadas.

-¿Las razones equivocadas?

-Mucha gente compra cosas para convencerse así misma que está teniendo éxito en la vida. Los carros lujosos, el club campestre, la residencia en el fraccionamiento exclusivo, por ejemplo.

Comprar un auto lujoso tan solo por querer demostrar estatus y en el camino endeudarse, comprometiendo tu futuro económico. Es un error. En realidad, no representa ningún avance, al contrario, **hipotecas tu vida a cambio de un objeto**.

La mayoría de la gente ha escuchado esto antes, pero es tan grande su deseo de recompensa y su urgencia por tenerlo, que lo hacen, a pesar de que en el fondo saben que se verán comprometidos para pagar las mensualidades. Pero bajo el lema de "Solo así se hace uno de cosas" compran el auto y lo que ellos piensan que es crecer, en realidad va en contra de ellos. Pocas cosas se deprecian tanto como un auto lujoso nuevo.

Yo me pregunto **¿Qué es lo que necesito hoy para ser feliz?** y **no se me ocurre comprar nada.**

No fue acaso Sócrates quien dijo **"Me encanta ver tantas cosas que no necesito para ser feliz"**

-Pero eso a usted no le importó y se compró su carro de todos modos Señor Takeshi

El señor Takeshi, ríe a carcajadas, luego me pasa otro plato para que yo lo seque y continúa:

Mi abuelo decía **"La vida es equilibrio"**.

No se trata que tú estés encerrado en tu casa contando tu dinero, sin que tú, ni nadie lo disfrute. El dinero se hizo para gastarlo es cierto y darse sus gustos es parte de ello. Pero ¿A qué costo?

Aquí es necesario priorizar y que te preguntes ¿Qué es lo que realmente quiero?

Hay gente que dice: "Págate a ti primero"

¿Qué manera de pensar es esa? Yo no me sentiría tranquilo debiéndole a alguien cuando sé que no voy a pagarle, cuando dije que le pagaría.

¿Por qué he de ponerme en primer lugar y quedarle mal a alguien que confió en mí?

Para tener paz interior, es mejor no pensar así. Para vivir

tranquilo, es necesario ser honesto y leal.

En el momento de hacer negocios, se puede obtener lo que se quiere, sin perjudicar a nadie.

Y para asegurarse que eso ocurra ¿Qué no es mejor tener todas las condiciones favorables?

Ustedes los mexicanos dicen: "Al que tiene el caballo, le ofrecen la silla" y eso es muy cierto, me pregunto porque no pensarán así más a menudo.

Mi abuelo decía **"Compras mejor cuando no estás comprando"**.

El señor Takeshi, me explicó como se hizo de ese lujoso auto nuevo, sin gastarse una fortuna en ello.

Resulta que el alto costo del auto era un impedimento de venta y corren tiempos muy difíciles. El auto es nuevo. A la agencia le urgía venderlo.

El señor Takeshi no pensaba en comprarlo, hasta que se lo ofrecieron a un precio muy bajo, pues a la agencia le urgía recapitalizarse.

El señor Takeshi tenía el dinero, a la mano. Venía de los rendimientos de las inversiones de su capital. El dinero producto del ingenio de personas dedicadas a multiplicarlo.

Capítulo 7. "Yojo" El excedente.

¿Cómo puedo ser rico sin un alto sueldo o una herencia?

En la tarde, mientras retiraba los platos de las mesas que habían dejado los clientes, me puse a pensar ¿Cómo puedo hacerme de dinero?

No eran malas las propinas, pero así jamás juntaría capital para comprar un lugar como este hermoso restaurante o siquiera rentarlo.

El señor Takeshi me había enseñado como es que los ricos se hacen cada vez más ricos:

1.-No tocan su capital, a menos que sea para invertir y son tan altos los réditos de sus inversiones que no les preocupa darse sus gustos ya que ello, no afecta sus finanzas.

2.- Tienen dinero siempre a mano para aprovechar oportunidades. El capital solo lo invierten en negocios, nunca en gastos. Así siempre se incrementa y está listo para volver a invertirse.

Todo eso me parecía muy bien, pero ¿De qué sirve saber todo eso cuando no se tiene capital? ¿Cómo puedo yo ser rico sin un alto sueldo o una herencia?

Esperé a que se hiciera de noche y pudiera estar a solas con el señor Takeshi para hacerle tan solo esta pregunta crucial:

- ¿Cómo puedo hacerme rico?

- ¿Rico? Pregunto el señor Takeshi, mientras sembraba una preciosa orquídea en el jardín.

-Sí, quiero ser rico, tener dinero, quiero hacerme de dinero.

- ¿No tienes dinero? -

-Traigo $100

-Eso es dinero.

Yo miré las monedas en mi mano con desprecio, y creyendo que se burlaba de mí, le dije al Señor Takeshi:

-Yo hablo de dinero, de dinero de verdad.

-Yo también ¿Acaso te dieron monedas falsas de propina Diego Minarai?

-No, pero con este dinero no soy rico.

-No, pero en esas monedas puedes cimentar tu riqueza.

Yo pensé que el Señor Takeshi, quería divertirse a mis costillas ¿Cimentar mi riqueza? ¿Con $100? ¿Acaso está loco?

-Señor Takeshi, ¿No le parece que con $100 diarios, me tardaría décadas para tener riqueza y que moriría de viejo antes de ser rico?

El Señor Takeshi se rio a carcajadas, antes de decir

-Nunca desprecies el poder del excedente Diego Minarai

- ¿El excedente?

-Es el origen de la riqueza.Desde los primeros tiempos, **no hubo riqueza hasta que no hubo excedente.**

-No entiendo.

- ¿Qué vas a hacer con esos $100?

-No sé. Creo que voy a gastarlos.

- ¿Por qué no se los das a tu madre para que compre comida o lo que falte en tu casa?

-Porque a mi madre ya le di mi sueldo y las propinas de media semana. Se supone que este dinero es mío, pero todavía no sé en qué lo voy a gastar.

-Entonces tienes un excedente. En tu mano tienes

el posible cimiento de tu riqueza.

-Pero no es una fortuna.

-Pero te sobra. Consérvalos, lo mismo con las propinas que recibas. El domingo, yo te diré que hacer a continuación, no te desesperes.

Capítulo 8. "Kurejitto"

El crédito.

Manolo, uno de los meseros del restaurante, tenía demasiados gastos que cubrir, y tuvo que vender su bicicleta. La ofreció a los demás meseros, pero nadie quiso comprarla. Era una bicicleta muy costosa. Manolo la compró cuando eran buenos tiempos y sobraba el dinero, ahora no hay quien se la compre, a pesar que es una ganga. Manolo está desesperado, pues le urge el dinero.

Yo miraba la bicicleta de Manolo, recargada en el muro del patio de servicio del restaurante. Un feo letrero con el signo de pesos y "se vende" colgaba del manubrio.

El Señor Takeshi me pidió que fuera a ver esta bicicleta, pero yo no entiendo nada ¿Para que compraría yo esta bicicleta? ¿Acaso no debería usar el dinero en un negocio? ¿En vez de un gasto? ¿El Señor Takeshi querrá que compré la bicicleta barata y luego la venda cara? ¿Acaso el Señor Takeshi es ciego y no ve que nadie tiene dinero? Además, ni siquiera tengo todo el dinero que cuesta la bicicleta.

Regresé a la cocina. El Señor Takeshi y el chef Akemi, platicaban muy animados, y reían. Parecían estarla pasando en grande. El chef Akemi, comenzó a seleccionar los pescados que le acababan de traer, estaban tan frescos, que olían a mar. El señor Takeshi, me miró y me preguntó alegre:

- ¿Qué te pareció la bicicleta Diego Minarai?

-Muy bonita señor Takeshi. Pero no me interesa comprarla. A mi casa me puedo ir caminando. Prefiero ahorrar el dinero y buscarle mejor provecho.

El señor Takeshi, miró al chef Akemi y luego los dos se rieron. El señor Takeshi le dijo al chef Akemi:

-Diego Minarai aprende rápido, pero todavía no sabe ver

oportunidades, cuando están frente a sus ojos.

Confieso que me estaba comenzando a molestar con el señor Takeshi y sus aires de suficiencia.

El señor Takeshi leyó mis ojos y matizo en seguida:

-Diego Minarai, compraras esa bicicleta, no como un gasto sino como una inversión.

-Eso no se puede señor Takeshi.

- ¿Por qué no?

-Me falta la mitad del dinero

-La bicicleta paga el resto

-No entiendo

-Diego Minarai, te has dado cuenta que a la ciudad acaba de llegar una pizzería, venden mucho, sobre todo porque tienen sistema de reparto.

- ¿Usted quiere que yo compre la bicicleta para que reparta los pedidos de nuestro restaurante?

-Yo te prestaré la parte que te falta y me quedaré con la mitad del cargo por reparto hasta que me cubras el préstamo ¿Te parece?

Al principio, no me había dado cuenta de la fabulosa lección que estaba ante mis ojos. Yo solo vi la oportunidad, ¡Me hice de una preciosa bicicleta, a un precio bajo y a crédito!

Pero al comprobar que yo le pagaba al señor Takeshi el dinero que me prestó, antes de un mes. Y que mis ingresos en el restaurante japonés se habían multiplicado, comencé a analizar lo que había pasado.

Los pedidos no paraban, a duras penas me daba abasto. En el fin de semana, el cargo aumentaba, y los clientes aun así lo pagaban. Hoy en día es común ver todo tipo de vehículos que llevan comida a domicilio y que funcionan a través de varias aplicaciones de Smartphone, pero en 1995, no había nada de eso en mi ciudad.

Muchos años después, todavía recuerdo ese día cuando compré la bicicleta de Manolo y me convertí en una pequeña empresa de reparto. Puede parecer insignificante, y muy simple pero así es como comencé a generar un pequeño capital. Y después solo fue repetir el proceso aprendido, para verlo multiplicarse.

Sin las bases aprendidas y logradas, no lo hubiera conseguido. No importaba que fuera en pequeña escala al principio. Después solo es cuestión de conservar las bases, el capital a la mano y la tasa de retorno. Y aplicar los mismos principios a otros negocios.

Hay muchos conceptos de finanzas y negocios. Asistí a muchos cursos y el aprender cosas nuevas, es bueno, pero en esencia es simple, tan simple como que la gente quiere recibir un beneficio siempre, en eso se basa todo. "Ahí donde hay una necesidad hay una oportunidad".

Detectar la necesidad, lleva a encontrarse con la oportunidad, pero para aprovecharla tenía dinero en mano y una opción de crédito, alguien interesado en prestarme a sabiendas que era muy probable que le pagara.

Los grandes negocios, se fincan en ideas simples.

Capítulo 9. "Shiawase"

La felicidad.

De todas las personas que conocí en aquel restaurante japonés, la que más me intrigaba era el chef Akemi.

Para poder ser el chef del restaurante japonés. Akemi, se había pasado 5 años estudiando en Japón el sutil arte del sushi hasta ser un "itamae", muy reconocido. Los platillos de sushi que preparaba eran exquisitos a falta de una palabra que los pueda describir mejor. Los clientes lo adoraban y colmaban de alabanzas y trataban que recibiera propinas que Akemi siempre se negó a recibir, pues decía que ganaba lo suficiente.

Akemi, no solo era talentoso para preparar sushi y otros platillos, también contaba con algo esencial en cualquier negocio, era afable y alegre y la gente quería estar donde él estaba. Todos lo querían, bueno, no todos, Ramón, el cajero, el tipo mal encarado, lo odiaba. No perdía ocasión de decir algo malo de él.

Un día Ramón hizo algo que nunca hacía. Me hablo:

-Oye tu Diego. Ven

Me acerque con recelo, yo sabía que nada bueno podía salir de Ramón. Si por este tipo fuera, yo no tendría trabajo, pues no se me olvidaba que fue Ramón quien nos negó el trabajo a mi padre y a mí en primera instancia.

Ramón era un tipo mal humorado que siempre se quejaba que ganaba poco. Insinuaba que el señor Takeshi se hizo millonario a base de abusar de mexicanos mediocres como nosotros.

Ramón estaba impaciente, él quería que me acercara y yo no quería hacerlo, pero al final, me acerque.

Parecía que Ramón no podía aguantar más decirme algo:

-Se ve que estas ganando un dineral repartiendo los pedidos. Yo me doy cuenta de todo. De cada pedido. De todo.

- ¿Y?

-U y. No te enojes. No creas que no me da gusto que alguien aquí haga dinero. Aparte del señor Takeshi. Pero es que ese señor es insaciable. Yo me doy cuenta de todo lo que gana en este restaurante y también en otros negocios. Aquí me llegan facturas y órdenes de compra de otras empresas que tiene.

El señor Takeshi tiene un grupo de empresas a las que les compramos los suministros; el abasto de pescado y el arroz, las bebidas, la parafernalia, productos de limpieza ¡hasta el papel de baño! ¡Nada deja ir ese viejo! ¡Te lo digo yo que me doy cuenta de todo!

- ¿Y?

- ¿Cómo que "y"? ¿No te das cuenta como los extranjeros se adueñan del país en tus narices?

Yo me encojo de hombros, para demostrarle a Ramón el cajero, lo mucho que no me importa su opinión y hago ademán de irme. Pero Ramón no se rendirá fácilmente, todavía tiene mucha ponzoña que sacar:

-Ni si quiera su amigo el chef Akemi se salva del hambre de riqueza del viejo Takeshi. Yo ya le dije varias veces que deje este restaurante y que abramos otro juntos, pero él no quiere.

Me di la media vuelta a la vez que le decía:

-Por algo será.

Ramón todavía replicó a mis espaldas:

- ¡Lo que pasa es que es un mediocre! ¡Conmigo él estaría mejor! Pero por lo visto nadie está capacitado para ser empresario, ¡Solo yo pienso como empresario y no como empleado! ¡Hay demasiada mediocridad en este país, así jamás creceremos!

Yo me aleje de Ramón y su mala vibra. Entre a la cocina. Akemi estaba ocupado; cortaba pescado. Pero aun así le pregunté:

-Akemi, ¿Por qué no pones tu propio restaurante?

Akemi, detiene el cuchillo, un momento, luego, continúa cortando con sumo cuidado el trozo de pescado hasta terminar. Se endereza, lleva sus manos a la cintura. Escucha tronar sus vertebras y luego ríe. Parece un niño al que le han hecho un millón de veces la misma pregunta.

Pero no está molesto, sino que ya se acostumbró a saciar la curiosidad de la gente que no se explica cómo alguien con su talento y carisma no pone su propio restaurante.

-Yo jamás podría hacerle eso al señor Takeshi. Los clientes me seguirían y este restaurante sufriría pérdidas importantes. El señor Takeshi me dio trabajo cuando yo lo necesitaba. Hacerle algo así sería una deslealtad.

Jamás abriría un restaurante en la misma ciudad donde el señor Takeshi tiene el suyo.

- ¿Pero que no todos tenemos derecho a crecer?

-Diego esa pregunta está mal hecha

-No entiendo.

-Lo primero que tienes que preguntarte en esta vida es que quieres hacer con ella.

-Entiendo menos.

-Tienes que saber qué es lo que quieres en realidad para ser feliz. Yo no quiero ser dueño de un restaurante. Odio las cuentas, tratar con contables, tramites de seguridad social ¡Qué fastidio! ¡No quiero esas responsabilidades! No quiero andar lidiando con personal, caprichoso, voluble y ventajoso, leyes laborales y demandas por todo ¡Odio eso!

Yo amo ser lo que soy ¡Ser itamae! ¡es mi pasión! Para mí no es trabajo, es un deleite. En ningún lugar he sido tan feliz como aquí. A mí lo que me interesa es que el señor Takeshi siga comprando buenos ingredientes.

Yo no sería feliz si no tuviera este hermoso pescado ¡Ven acércate Diego! ¡Mira! –dijo Akemi mostrándome los trozos perfectos de pescado que acababa de cortar- Aprecia su color, su fresco aroma, -

Akemi tomó con ambas manos el trozo de pescado y dijo: - flexibilidad y textura ¡Un pescado excelente! ¡Buen sushi saldrá de aquí! -dijo feliz

Capítulo 10. "Yashin"

La ambición.

Ramón el cajero, era un personaje desconcertante.

Era difícil para mí entender, porque Ramón siempre estaba de tan mal humor y quejándose de todos y por todo.

Con 35 años de edad y una carrera de contabilidad, parecía tener con que defenderse en la vida. Estaba casado con Celeste; la preciosa muchacha vestida con motivos orientales quien recibía a los clientes al llegar al restaurante.

Ramón y su esposa recibían buenos sueldos y participación en las propinas. Ramón tenía juventud y una mujer hermosa a su lado.

Sin embargo, aun así, Ramón sufría.

Tal vez se debiera a que Ramón venía de una familia rica venida a menos. Y a que el padre de Ramón murió, siendo Ramón un niño.

Pero creo que tanta amargura tiene su origen en el despojo de su herencia por su hermano, quien aprovecho que el padre murió sin dejar testamento.

Tal vez a eso se deba que Ramón se preocupara tanto por llegar a ser rico, como si se tratara de recuperar la riqueza perdida, la que por derecho le correspondía y que le fue arrebatada.

Todo el tiempo, detrás de la caja del restaurante se escuchaba a Ramón hablar de negocios, montados con las ganancias de otros negocios que nunca sucedían o que no resultaban.

La ambición es buena, es el motor que lleva a lograr las metas más altas, pero a veces es difícil diferenciar cuando resulta excesiva y no permite ver la realidad o lo que más conviene.

Los malos negocios pueden llegar a perder el dinero más rápido que derrocharlo a diestra y siniestra, eso lo comprobé cuando vi como Ramón se hundía en las deudas por los negocios fallidos, al mismo tiempo que su matrimonio se terminaba.

Celeste no volvió más por el restaurante. Su lugar lo ocupó otra muchacha más joven que enseguida fue rondada por Ramón, pero al rechazarlo, se convirtió en su enemiga.

Una tarde de domingo, llegaron por él un par de policías y se lo querían llevar sin armar alboroto según dijeron.

El señor Takeshi intervino para defenderlo, pero sobre Ramón pesaban varias denuncias por fraude y esa tarde fue la última vez que lo vi.

Lo llevaban esposado frente a los clientes, que lo miraban asustados como si aquel fuera un bicho raro, un criminal connotado, cuando solo era un hombre perdido por la ambición.

Mucho tiempo después en Nueva York; la capital del dinero; un gurú de las finanzas, era atrapado por dejar en la ruina a inversionistas de alto perfil. Una estructura de fraude piramidal que se cayó como castillo de naipes cuando soplaron los fuertes vientos de otra crisis más.

Ese genio de las finanzas, no fue el único que lo perdió todo. Durante varios días era común escuchar malas noticias que hablaban de quebrantos inmobiliarios, fraudes, bancos quebrados y gente con sueños destrozados.

Es difícil diferenciar cuanto es suficiente arriesgar y cuando parar.

Pero cuando las acciones suben y todo parece como lo soñamos que difícil es detenerse.

Nunca voy a olvidar el día que la policía se llevó a Ramón el cajero.

Uno de los policías abrió la puerta y otro puso su mano sobre la cabeza de Ramón para guiarlo al interior de la patrulla.

La torreta se activó y la patrulla se alejó en la avenida.

Capítulo 11. "Baransu"

El equilibrio.

Después de tantos años, todavía me conmueve acordarme de aquellos tiempos en el restaurante japonés, donde fui tan feliz y conocí gente tan valiosa y noble, de la que aprendí tanto.

El precioso bonsái de cerezos que tengo sobre mi escritorio junto al gran ventanal, me trae tantos recuerdos con tan solo mirarlo, también me evoca a quien me lo regaló. El señor Takeshi, tenía este bonsái desde niño.

Es un bonsái tan hermoso y vivo; con su tronco rugoso y antiguo, sus flores de cerezo están floreando y su colorido es tal que llama la atención a penas entrar a mi oficina. Varias personas me lo han querido comprar, me dicen, que "le ponga precio".

Pero es que ellos no saben lo que ese bonsái significa para mí, jamás lo vendería. Es mi conexión con mi pasado, con ese muchacho hambriento; que se encontró con su maestro y con un amigo.

Despunté pronto y el restaurante japonés me quedó chico, el propio señor Takeshi, me lo dijo. Yo debía de buscar nuevos caminos.

- "Diego Minarai eres como este pez dorado que entrego a este estanque, dijo el señor Takeshi un día en el jardín de los cerezos.

Luego me miro y agrego:

        -A ti ya te quedo chica la cubeta y hasta el estanque. Busca el mar"

Luego me pidió que me acercara, pues le costaba hablar.

Recientemente el señor Takeshi, había enfermado frecuentemente, lo cual era raro, dada su salud de hierro, pero contra el tiempo, no hay quien pueda.

El señor Takeshi me tomo del brazo simulando que me guiaba, pero yo sentí que se sostenía de mí y me conmoví.

El señor Takeshi, me llevó a su oficina, nos sentamos y luego me dijo:

-Pero perderse en el mar es fácil, cuida de no perderte en su inmensidad. Tienes ambición y eso es bueno, pero nunca pierdas el dialogo con tu interior.

- ¿Cómo podría afectarme crecer? Estoy empezando a tener éxito señor Takeshi ¿Perderse? No entiendo.

-Mira el bonsái Diego Minarai

Yo miré el hermoso bonsái de cerezo, tan antiguo, que nadie sabía cuántos años tenía.

El señor Takeshi, estaba sumergido en sí mismo, me hablaba, pero parecía que lo hiciera consigo mismo, como recordándose una lección que es fácil olvidar:

-El bonsái es hermoso y pequeño, no necesita nada

más de lo que le doy, en su justa medida; agua, luz, ventilación, nutrientes y sol.

Cada ser en este mundo requiere para vivir lo necesario, también en su justa medida.

No debe faltar lo que requerimos pues al igual que el bonsái, moriríamos.

Pero cuando se necesita demasiado, es fácil perder la perspectiva de lo que es en realidad importante.

Yo estaba contrariado:

- ¿Cómo puede ser un problema el necesitar demasiado dinero? Eso jamás sería un problema señor Takeshi, la ambición nos mueve para lograr cada vez más.

-Pensando así, se pierde la perspectiva.

Se necesita una referencia Diego Minarai. Algo que te

recuerde quien eres y que los lujos y el dinero no ameritan tu tiempo de vida.

-Explíquese señor Takeshi.

-Hoy en día, todo mundo ve a Japón como potencia, y pareciera como si en mi país, siempre hubiera habido opulencia.

Pareciera que cuando se habla de mi país derrotado en la guerra se hablara de otro país, de uno que existió, hace tanto tiempo, que ya nadie quiere acordarse. Un país en ruinas, donde hubo hambrunas y miseria.

De ese Japón vengo yo. Del Japón que se levantó de entre los escombros.

El Señor Takeshi me habló de cuando llegó por primera vez a México siendo un joven que traía tan solo ese bonsái, para acordarse de su familia que había muerto en Japón durante la guerra.

El poco dinero que tenía, lo gastó en el viaje a este hermoso país; México, del que escuchó decir que era el verdadero sueño americano. Donde cualquiera que tenga la visión y determinación necesaria para llevarla a cabo, puede hacerse de fortuna.

Hace 20 años el señor Takeshi había logrado ser rico, tenía varias empresas y había comprado la propiedad donde se encuentra este restaurante.

Este restaurante, antes era una de cuatro casonas antiguas, y el señor Takeshi las quería demoler para construir condominios de lujo.

El problema era que no tenía el capital suficiente, por eso incrementó el nivel de apalancamiento, hipotecando varias naves industriales que tenía para poder construir los condominios.

El flujo de efectivo de sus empresas comenzó a menguar haciendo difícil sortear su propio sostenimiento y el proyecto comenzó a verse como inviable, así se lo hicieron ver sus asesores bancarios, pero el señor Takeshi no los quiso escuchar.

El señor Takeshi no dormía y sufría de gastritis.

El señor Takeshi estaba en medio de una **"inercia de trabajo"**, tan frenética que no tenía dialogo con su "yo interior".

Después del paro cardiaco, que casi lo mata, entendió el contrasentido de su lucha por enriquecerse.

Agradecido por salir vivo, se conectó con su interior y se hizo una pregunta:

"¿Qué acaso eres inmortal Takeshi?"

Hace más de 20 años que el señor Takeshi tenía dinero e ingresos como para vivir holgadamente y sin embargo no había querido parar ¿Por qué?

Se había hecho adicto a ganar dinero. A veces era como un juego, pero en este negocio su ambición lo llevó a que el juego se volviera contra él

Era como un bonsái, que requería la misma cantidad de nutrientes que un enorme árbol de nogal, sin realmente necesitarlo.

Tenía que cambiar el programa de su mente.

Canceló el crédito, liberó las hipotecas. Y se dispuso a cumplir el sueño de su vida: "Tener un restaurante de sushi".

Escogió de entre las cuatro casas la que le gustó más para realizar el proyecto que tenía en mente.

En el patio mexicano se pudo adaptar al jardín y el estanque. Y vendió las 3 casas restantes para recapitalizarse y también capitalizar el negocio.

Trajo de Japón al chef Akemi y todo marcha sobre ruedas desde entonces.

Varias veces el señor Takeshi ha pensado en todo el dinero que pudo haber ganado con los condominios. Pero nunca le hubiera dado toda la felicidad que le ha dado tener este restaurante.

El señor Takeshi ama a la gente, el ambiente festivo del restaurante lleno de clientes y también la quietud de sus noches en el jardín de cerezos.

El señor Takeshi me dijo esa tarde:

-Este bonsái de cerezo, simboliza en buena parte, lo que soy y lo que pienso de la vida. Vivir con lo que recibo igual que el bonsái hace, sin reclamar más sol o agua de la necesaria.

Vivir en equilibrio.

Así como el bonsái sobrevive sano y fuerte pues se apega a lo necesario.

De igual modo Si ganas más de lo que necesitas, aunque sea poco, guárdalo.

Y sigue viviendo como lo hacías antes de recibir el excedente, sin subir tu nivel de vida de manera inmediata, después lo harás cuando el excedente aplicado a los negocios haya rendido sus frutos.

Aquel que hace esto, es raro que sufra de estrecheces, pues siempre contara con algo de capital con que palear una crisis.

Entonces me acorde del día cuando vine con mi padre a buscar trabajo al restaurante. Nuestra economía fue arrasada por la crisis, al tener alto nivel de apalancamiento.

Resulta que esa crisis también hubiera dejado en la ruina al señor Takeshi de haber seguido adelante con ese crédito bancario, para el proyecto de los condominios.

El recapitalizarse fue la mejor decisión que el señor Takeshi tomó. Durante la recesión, quien tiene el capital, es quien hace en realidad los mejores negocios.

Hoy después de que ha pasado el tiempo y me he convertido en un hombre de familia, recuerdo a mi maestro mientras miro el hermoso bonsái, iluminado por los últimos destellos del sol de la tarde.

Sobre mi escritorio, retratos de mi familia capturan recuerdos entrañables.

No fue necesario ser amo y señor del mundo, para ser feliz ni sentirme realizado, basto con escoger una mujer sensible que gustara más de estar conmigo que una vida de sueños del jet set, basto con tener hijos que me quisieran porque estuve con ellos en vez de estar en juntas de directorio para comprar o expandir empresas, basto con preguntarme todos los días lo que necesito para ser feliz y descubrir que mi felicidad estaba en mi familia y en su bienestar.

¿Qué tan rico se necesita ser para ser feliz? Tal vez mucho menos de lo que se piensa.